Kann man einen bekannten Dichter, dessen Werk in vielen Einzelausgaben vorliegt, neu entdecken? Man kann! Paul Celan, der Dichter der »Todesfuge«, dessen Werk als dunkel und schwer zugänglich gilt, wird in dem vorliegenden Band als ein Dichter der Liebe vorgestellt, der mit Versen voller Leidenschaft und Sinnlichkeit, aber auch voller Schwermut und Seelennot, einen Platz neben den großen Liebesdichtern des 20. Jahrhunderts beanspruchen kann. Während im Frühwerk Celans noch deutlich der Einfluß Rilkes und Trakls spürbar ist, findet er, der schon als junger Mann Liebesgedichte französischer, russischer und englischer Dichter übersetzt, bald einen eigenen Ton, der sein Dichten fortan bestimmt.

Bereits der Briefwechsel mit seiner Frau Gisèle Celan-Lestrange gewährte Einblicke in die Gefühlswelt des Dichters. Ein Gleiches versucht auch dieses Buch, das Gedichte aus allen Schaffensperioden versammelt. Von der Hoffnung, seine Gedichte könnten »irgendwo und irgendwann an Land gespült werden, an Herzland vielleicht«, zeugen seine Liebesgedichte in besonderem Maße. Paul Celan als Liebesdichter: eine wahrhaftige Neuentdeckung!

insel taschenbuch 2945

Paul Celan
Liebesgedichte

Paul Celan
Liebesgedichte

Ausgewählt von Joachim Seng

Insel Verlag

Klimaneutral
Druckprodukt
ClimatePartner.com/14438-2110-1001

6. Auflage 2023
Insel Verlag Berlin

Erste Auflage 2003
insel taschenbuch 2945
Originalausgabe

Hinweise zu dieser Ausgabe am Schluß des Bandes
Vertrieb durch den Suhrkamp Taschenbuch Verlag
Umschlag: Michael Hagemann
Satz: Satz-Offizin Hümmer GmbH, Waldbüttelbrunn
Druck: CPI books GmbH, Leck
Printed in Germany
ISBN 978-3-458-34645-6

www.insel-verlag.de

Liebesgedichte

Sommernacht

Ein Glühwurm küßt ein Efeublatt zum Schein,
und sieht den neuen Halmen zu, versteckter..
Dem Wind fällt wieder neuer Unfug ein:
an Sternen zaust er und die Käfer schreckt er...

Ein weißes Beben, kauern sich nun leicht
die nackten Birken in den Wunsch der Fichten.
Dein Schritt vermehrt die Stille, blendet sie und weicht..
Und Zauber kommt, das Leben aufzurichten.

Im Farn entschleiert Mond ein zages Wehn,
schlingt es um Gräser, fädelt es durch Reiser..
Die Tiere bleiben vor dem Licht der Pilze stehn,
wo Gift sich rötet, prächtiger und leiser.

Dem Wind fällt wieder neuer Unfug ein:
an Sternen zaust er und die Käfer schreckt er..
Ein Glühwurm küßt ein Efeublatt zum Schein..
Still: meine Finger suchen dich, versteckter...

Leise, Geliebte, leise:

Schwermut schlurft über Kies;
in den Wolken
klettert ein taumelndes Echo,
das ein Regen verschlug,
tröstete und losließ.
Die knospenden Finger des Abends
greifen den goldnen Gesang
in den Harfen der Sträucher.
Taubenschwärme
eilen herbei,
fangen
zitternd ein silbernes Spiel an,
das Ringe schlingt um deinen Hals,
und fortnimmt.

Die segelnde Stille
legt an in gestirnten Buchten.
Die Stunden im Flieder
röten sich und rieseln:
»Lös, Lieb, dein Haar;
laut tönt in uns die Jahreszeit,
regensüß ist unser dunkler Duft
unterwegs
zu dir.«

Die Falter rüsten sich
zu ihren Nächten.
Du zögerst noch:
müssen erst die roten Tulpen da sein
und, wenn der Tau zu schwer wird,
nicken?
Der Atem eilt:
was zählt das Ja der Blumen?

Schon treibt die Erde
die Unruh rascher in den wilden Wein,
der sich vom Tor löst ...

Bald löschen alle Rufe aus.

WEISS SIND DIE TULPEN: neige dich über mich.
Die Nacht tauscht Wind für fächelnde Hände ein.
Sag:
es werden die Falter schwärmen?
Sag:
mein Mund wird der einzige Kelch sein?
Und du schließt die Augen vor rosigem Schimmer?
Sag?

Denn diesmal – fühlst du? – läßt dich mein Arm nicht mehr in die Welt ...

Weiß sind die Tulpen: neige dich über mich!

Clair de lune

Mond.
Und unsre Herzen hissen neue Fahnen.
Meine
Wimpern bieten deinen Wimpern
Frühling.

Spieglein,
ach Spieglein ihres Lebens: wer
kniete am längsten in dem Brand?

Wir triefen
von irgendeinem wehen Tau …

Meine Schwermut bietet deinen Wimpern
Frühling.

Schlaflied

Mit den Faltern, mit der Nacht
laß mich ein in deinen Schlummer:
    über dir bin ich ein stummer
    Atemzug der wacht,

daß der Spiegel nicht zu spät
deine Stunde krönt und kündet,
    Mond dir dein Haar nicht entzündet,
    wenn er kommt und weht,

unter deine Lider sieht,
was für Fremde sie verschweigen –
    über dich muß ich mich neigen,
    wenn er weiterzieht …

Wenn du dann die Hände hebst
und das Dunkel feierst, freier,
    bin ich der flüsternde Schleier,
    dem du fremd entschwebst.

ENTSUNKENE, von meinen Nelken nimm.
Und an das Kupfer meiner Nächte schlage.
An hohe Türme komm und klimm.
Den Wolken hilf. Den Efeu trage.

Entschleiert ist den Schritten die Gefahr.
Entrückt das Gold, die Nebel reifer.
Mit meinem Herzen tief im Regenjahr,
beginnt in mir die Welt der Regenpfeifer.

Der Stunden weißes Linnen komm und strähn.
Die blaue Jahreszeit verlischt, Entblößte...
Mit deiner Nacht an meiner Schwermut lehn.
Mit deiner Hand mein Auge tröste.

DER TAGE TROST ruht aus in deinen Händen.
Nun pflückt mein Mund der Tage Trost;
häuft ihn zu Licht, ein Dunkel abzuwenden,
mit dem du stumm aus schwarzen Augen drohst.

Der Stunden Lied entzündet deine Wangen.
Nun schürt mein Mund der Stunden Lied.
Und senkt sich, wund an deinem Hals zu bangen,
wenn klar und weh mein Atem vor dir kniet.

Der Nächte Not entflammt an deinen Brüsten.
Nun löscht mein Mund der Nächte Not.
Und spült mein Blut hinan an deine Küsten,
wo endlich unsre schwere Sehnsucht loht.

Einsamkeit

Ich lebe unter tausend weißen Steinen,
die alle Nächte schleuderten nach mir.
Ich häufe sie auf meinem schwarzen Leinen.
Daß du vorbeikommst, wart ich hier.

Den Sonnenuhren raubte ich die Stunden.
Und nur den Blumen ließ ich ihre Zeit.
Die teilen sie mit meinen schwarzen Hunden,
und meinen Käfern sagen sie Bescheid.

Dem Bogenschützen reichte ich die Pfeile.
Den Raben machte ich die Herzen keck.
Nun hat es mit dem Leben keine Eile.
Ich seh dir zu, über das Meer hinweg.

Ich weiß den Mond um sieben Jahr verspäten.
Doch daß ich irgend dich mit Sternen streif,
laß ich die Steine schwärmen als Kometen,
und meine Seelen häng ich dran als Schweif.

Seelied

Liebe, über meinem Meer
folgt mein Kahn den fremden Zeichen.
Winde, die ich dir verwehr,
laß ich in den Segeln streichen.

Truhen, die ich dir verschließ,
fahr ich, in die See zu senken,
Ruder, die ich sinken ließ,
helfen mir den Kahn zu lenken.

Netze, die ich lang geflickt,
warf ich aus, die Nacht zu haschen –
aber seltsam und geschickt
löst dein Arm die starken Maschen.

Aubade

Im Dunkel nur bekenn ich mich zu dir.
In deinen Hörnern aber häuft sich Helle.
Die Morgenröte wittern wie ein Tier
dein Aug und meines vor der Tränenschwelle.

Du überspringst die Stunde, die jetzt schlug.
Wir knieen nun und können weinen …
Von Kummer ist schon übervoll mein Krug –
Und deine Tränen fließen auch in meinen …

Du nennst, ein Finstrer in den Rosenbränden,
das Dunkel Drüben und die Helle Hier …
Bis dir mein Herz verflackert in den Händen.

Im Dunkel nur bekenn ich mich zu dir.

Schlaflied

Über die Ferne der finsteren Fluren
hebt mich mein Stern in dein schwärmendes Blut.
Nicht mehr am Weh, das wir beide erfuhren,
rätselt, der leicht in der Dämmerung ruht.

Wie soll er, Süße, dich betten und wiegen,
daß seine Seele das Schlummerlied krönt?
Nirgends, wo Traum ist und Liebende liegen,
hat je ein Schweigen so seltsam getönt.

Nun, wenn nur Wimpern die Stunden begrenzen,
tut sich das Leben der Dunkelheit kund.
Schließe, Geliebte, die Augen, die glänzen.
Nichts mehr sei Welt als dein schimmernder Mund.

Windröschen

Die Buschwindröschen, die von Abend zittern,
blühn schimmernd unsrer Dunkelheit voraus.
Du schließ dein Aug vor meinem Mund, dem bittern;
aus meiner Hand, der leisen, nimm den Strauß.

Ist, was sie deinen Wangen übertragen,
nichts, als der Frühling und das Regennaß?
Vielleicht, daß sie dem Blumengott entsagen,
daß ich mein Kind mit süßern Händen faß?

Die Osterblumen hängen mit dem Leben
und meinem Mund dir träumend am Gesicht.
Du aber fühlst noch nicht mein Herz daneben,
sich heimlich sehnen nach Vergißmeinnicht.

Seidelbast

Von diesen Stauden mit dem rötlich-weißen
Geheimnis ist dein dunkles Herz erfaßt.
An deinen Wangen laß mich, an den heißen,
verweilen mit dem Duft vom Seidelbast.

Was sich entschließt an deinem Blut zu leuchten,
ist, sagen sie, beseelt von einem Gift.
Ist es von einem Schimmer, einem feuchten,
was dich verwandelt und mich übertrifft?

Am offnen Fenster wechselt deine Welt.
Die kleinen Blüten flüstern dir Befehle.
So bleibt, was dir mein Herz vertraut erhält,
ein starker Duft im Süden deiner Seele.

Mohn

Die Nacht mit fremden Feuern zu versehen,
die unterwerfen, was in Sternen schlug,
darf meine Sehnsucht als ein Brand bestehen,
der neunmal weht aus deinem runden Krug.

Du mußt der Pracht des heißen Mohns vertrauen,
der stolz verschwendet, was der Sommer bot,
und lebt, daß er am Bogen deiner Brauen
errät, ob deine Seele träumt im Rot.

Er fürchtet nur, wenn seine Flammen fallen,
weil ihn der Hauch der Gärten seltsam schreckt,
daß er dem Aug der Süßesten von allen
sein Herz, das schwarz von Schwermut ist, entdeckt.

Das Fenster im Südturm

Dir sinkt die Schwinge vor dem Niederschlag
der Stille: Pfeile wehn in schrägen
tiefgrünen Sträußen nieder in den Rosenhag –
doch eilt das Blut dem Kirschenbaum entgegen.

Wenn nicht mein Aug der Wolkenspiegel wär,
erriet' der Turm das Schimmern deiner Hände:
Wo der Jasmin den Blick allein läßt, ist das Meer.
Und weiter unten ist die Welt zu Ende.

Ist auch dein Mund ein Nest von Schlangenbissen
und von der Lanze blutig noch mein Knie:
Hier wird dein Herz, dem schwarzen Stern entrissen,
mir leicht sein, wie ein Mondstrahl, Magali.

Sternenlied

Nichts kann, das sich im Mondschein noch begibt,
je sein wie damals, als der große Wagen
uns tönend aufnahm. Keinen den er liebt
wird er, wie einst uns zwei, begeistert tragen,

daß laut die Leier aufklingt, wenn sein Rad
durch Fernen hinrollt; daß die unsichtbaren
Gestirne aufblühn, wenn er strahlend naht,
und staunen, daß hier andre also fahren;

und sich das Schwanenlied dort oben, bang
vor eignem Tod, bekennt zum fremden Leben;
und Gold, das von der Himmelswaage sank,
von Schwingen träumt um neben uns zu schweben;

und in den Wäldern, wo die Welt beginnt,
der Bogenschütze schweift, an uns vorbei,
und seine Pfeile fächeln Frühlingswind
den Hirschen mit dem knospenden Geweih …

Uns kann im Mondschein keiner gleichen seit
die Pracht dort oben unser eigen war.
Mein Herz strahlt wild vom herrlichen Bescheid.
Dein Haar vom Glanz aus Berenikes Haar.

DIE Hand voller Stunden, so kamst du zu mir –
ich sprach:
Dein Haar ist nicht braun.
So hobst du es leicht auf die Waage des Leids, da war es
schwerer als ich …

Sie kommen auf Schiffen zu dir und laden es auf, sie bieten
es feil auf den Märkten der Lust –
Du lächelst zu mir aus der Tiefe, ich weine zu dir aus der
Schale, die leicht bleibt.
Ich weine: Dein Haar ist nicht braun, sie bieten das Wasser
der See, und du gibst ihnen Locken …
Du flüsterst: Sie füllen die Welt schon mit mir, und ich
bleib dir ein Hohlweg im Herzen!
Du sagst: Leg das Blattwerk der Jahre zu dir – es ist Zeit,
daß du kommst und mich küssest!

Das Blattwerk der Jahre ist braun, dein Haar ist es nicht.

Die Jahre von dir zu mir

Wieder wellt sich dein Haar, wenn ich wein. Mit dem
Blau deiner Augen
deckst du den Tisch unsrer Liebe: ein Bett zwischen
Sommer und Herbst.
Wir trinken, was einer gebraut, der nicht ich war, noch
du, noch ein dritter:
wir schlürfen ein Leeres und Letztes.

Wir sehen uns zu in den Spiegeln der Tiefsee und reichen
uns rascher die Speisen:
die Nacht ist die Nacht, sie beginnt mit dem Morgen,
sie legt mich zu dir.

Corona

Aus der Hand frißt der Herbst mir sein Blatt:
wir sind Freunde.
Wir schälen die Zeit aus den Nüssen und lehren sie gehn:
die Zeit kehrt zurück in die Schale.

Im Spiegel ist Sonntag,
im Traum wird geschlafen,
der Mund redet wahr.

Mein Aug steigt hinab zum Geschlecht der Geliebten:
wir sehen uns an,
wir sagen uns Dunkles,
wir lieben einander wie Mohn und Gedächtnis,
wir schlafen wie Wein in den Muscheln,
wie das Meer im Blutstrahl des Mondes.

Wir stehen umschlungen im Fenster, sie sehen uns zu
von der Straße:
es ist Zeit, daß man weiß!
Es ist Zeit, daß der Stein sich zu blühen bequemt,
daß der Unrast ein Herz schlägt.
Es ist Zeit, daß es Zeit wird.

Es ist Zeit.

VOM Blau, das noch sein Auge sucht, trink ich als erster.
Aus deiner Fußspur trink ich und ich seh:
du rollst mir durch die Finger, Perle, und du wächst!
Du wächst wie alle, die vergessen sind.
Du rollst: das schwarze Hagelkorn der Schwermut
fällt in ein Tuch, ganz weiß vom Abschiedwinken.

WER sein Herz aus der Brust reißt zur Nacht, der langt nach der Rose.
Sein ist ihr Blatt und ihr Dorn,
ihm legt sie das Licht auf den Teller,
ihm füllt sie die Gläser mit Hauch,
ihm rauschen die Schatten der Liebe.

Wer sein Herz aus der Brust reißt zur Nacht und schleudert es hoch:
der trifft nicht fehl,
der steinigt den Stein,
dem läutet das Blut aus der Uhr,
dem schlägt seine Stunde die Zeit aus der Hand:
er darf spielen mit schöneren Bällen
und reden von dir und von mir.

Kristall

Nicht an meinen Lippen suche deinen Mund,
nicht vorm Tor den Fremdling,
nicht im Aug die Träne.

Sieben Nächte höher wandert Rot zu Rot,
sieben Herzen tiefer pocht die Hand ans Tor,
sieben Rosen später rauscht der Brunnen.

NACHTS, wenn das Pendel der Liebe schwingt
zwischen Immer und Nie,
stößt dein Wort zu den Monden des Herzens
und dein gewitterhaft blaues
Aug reicht der Erde den Himmel.

Aus fernem, aus traumgeschwärztem
Hain weht uns an das Verhauchte,
und das Versäumte geht um, groß wie die Schemen
der Zukunft.

Was sich nun senkt und hebt,
gilt dem zuinnerst Vergrabnen:
blind wie der Blick, den wir tauschen,
küßt es die Zeit auf den Mund.

DER Tauben weißeste flog auf: ich darf dich lieben!
Im leisen Fenster schwankt die leise Tür.
Der stille Baum trat in die stille Stube.
Du bist so nah, als weiltest du nicht hier.

Aus meiner Hand nimmst du die große Blume:
sie ist nicht weiß, nicht rot, nicht blau – doch
nimmst du sie.
Wo sie nie war, da wird sie immer bleiben.
Wir waren nie, so bleiben wir bei ihr.

Aus Herzen und Hirnen
sprießen die Halme der Nacht,
und ein Wort, von Sensen gesprochen,
neigt sie ins Leben.

Stumm wie sie
wehn wir der Welt entgegen:
unsere Blicke,
getauscht, um getröstet zu sein,
tasten sich vor,
winken uns dunkel heran.

Blicklos
schweigt nun dein Aug in mein Aug sich,
wandernd
heb ich dein Herz an die Lippen,
hebst du mein Herz an die deinen:
was wir jetzt trinken,
stillt den Durst der Stunden;
was wir jetzt sind,
schenken die Stunden der Zeit ein.

Munden wir ihr?
Kein Laut und kein Licht
schlüpft zwischen uns, es zu sagen.

O Halme, ihr Halme.
Ihr Halme der Nacht.

Im Spätrot

Im Spätrot schlafen die Namen:
einen
weckt deine Nacht
und führt ihn, mit weißen Stäben entlang-
tastend am Südwall des Herzens,
unter die Pinien:
eine, von menschlichem Wuchs,
schreitet zur Töpferstadt hin,
wo der Regen einkehrt als Freund
einer Meeresstunde.
Im Blau
spricht sie ein schattenverheißendes Baumwort,
und deiner Liebe Namen
zählt seine Silben hinzu.

Leuchten

Schweigenden Leibes
liegst du im Sand neben mir,
Übersternte.

. . . .

Brach sich ein Strahl
herüber zu mir?
Oder war es der Stab,
den man brach über uns,
der so leuchtet?

Zwiegestalt

Laß dein Aug in der Kammer sein eine Kerze,
den Blick einen Docht,
laß mich blind genug sein,
ihn zu entzünden.

Nein.
Laß anderes sein.

Tritt vor dein Haus,
schirr deinen scheckigen Traum an,
laß seine Hufe reden
zum Schnee, den du fortbliest
vom First meiner Seele.

Wo Eis ist

Wo Eis ist, ist Kühle für zwei.
Für zwei: so ließ ich dich kommen.
Ein Hauch wie von Feuer war um dich –
Du kamst von der Rose her.

Ich fragte: Wie hieß man dich dort?
Du nanntest ihn mir, jenen Namen:
ein Schein wie von Asche lag drauf –
Von der Rose her kamst du.

Wo Eis ist, ist Kühle für zwei:
ich gab dir den Doppelnamen.
Du schlugst dein Aug auf darunter –
Ein Glanz lag über der Wuhne.

Nun schließ ich, so sprach ich, das meine –:
Nimm dieses Wort – mein Auge redet's dem deinen!
Nimm es, sprich es mir nach,
sprich es mir nach, sprich es langsam,
sprich's langsam, zögr es hinaus,
und dein Aug – halt es offen so lang noch!

Bretonischer Strand

Versammelt ist, was wir sahen,
zum Abschied von dir und von mir:
das Meer, das uns Nächte an Land warf,
der Sand, der sie mit uns durchflogen,
das rostrote Heidekraut droben,
darin die Welt uns geschah.

Die Halde

Neben mir lebst du, gleich mir:
als ein Stein
in der eingesunkenen Wange der Nacht.

O diese Halde, Geliebte,
wo wir pausenlos rollen,
wir Steine,
von Rinnsal zu Rinnsal.
Runder von Mal zu Mal.
Ähnlicher. Fremder.

O dieses trunkene Aug,
das hier umherirrt wie wir
und uns zuweilen
staunend in eins schaut.

Ich weiß

Und du, auch du –:
verpuppt.
Wie alles Nachtgewiegte.

Dies Flattern, Flügeln rings:
ich hörs – ich seh es nicht!

Und du,
wie alles Tagenthobene:
verpuppt.

Und Augen, die dich suchen.
Und mein Aug darunter.

Ein Blick:
ein Faden mehr, der dich umspinnt.

Dies späte, späte Licht.
Ich weiß: die Fäden glänzen.

AUCH wir wollen sein,
wo die Zeit das Schwellenwort spricht,
das Tausendjahr jung aus dem Schnee steigt,
das wandernde Aug
ausruht im eignen Erstaunen
und Hütte und Stern
nachbarlich stehn in der Bläue,
als wäre der Weg schon durchmessen.

Blume

Der Stein.
Der Stein in der Luft, dem ich folgte.
Dein Aug, so blind wie der Stein.

Wir waren
Hände,
wir schöpften die Finsternis leer, wir fanden
das Wort, das den Sommer heraufkam:
Blume.

Blume – ein Blindenwort.
Dein Aug und mein Aug:
sie sorgen
für Wasser.

Wachstum.
Herzwand um Herzwand
blättert hinzu.

Ein Wort noch, wie dies, und die Hämmer
schwingen im Freien.

Sprachgitter

Augenrund zwischen den Stäben.

Flimmertier Lid
rudert nach oben,
gibt einen Blick frei.

Iris, Schwimmerin, traumlos und trüb:
der Himmel, herzgrau, muß nah sein.

Schräg, in der eisernen Tülle,
der blakende Span.
Am Lichtsinn
errätst du die Seele.

(Wär ich wie du. Wärst du wie ich.
Standen wir nicht
unter *einem* Passat?
Wir sind Fremde.)

Die Fliesen. Darauf,
dicht beieinander, die beiden
herzgrauen Lachen:
zwei
Mundvoll Schweigen.

Nacht

Kies und Geröll. Und ein Scherbenton, dünn,
als Zuspruch der Stunde.

Augentausch, endlich, zur Unzeit:
bildbeständig,
verholzt
die Netzhaut –:
das Ewigkeitszeichen.

Denkbar:
droben, im Weltgestänge,
sterngleich,
das Rot zweier Münder.

Hörbar (vor Morgen?): ein Stein,
der den andern zum Ziel nahm.

Aber

(Du
fragst ja, ich
sags dir:)

Strahlengang, immer, die
Spiegel, nachtweit, stehn
gegeneinander, ich bin,
hingestoßen zu dir, eines
Sinnes mit diesem
Vorbei.

Aber: mein Herz
ging durch die Pause, es wünscht dir
das Aug, bildnah und zeitstark,
das mich verformt –:

die Schwäne,
in Genf, ich sah's nicht, flogen, es war,
als schwirrte, vom Nichts her, ein Wurfholz
ins Ziel einer Seele: soviel
Zeit
denk mir, als Auge, jetzt zu:
daß ichs
schwirren hör, näher – nicht
neben mir, nicht,
wo du nicht sein kannst.

Ein Holzstern, blau,
aus kleinen Rauten gebaut. Heute, von
der jüngsten unserer Hände.

Das Wort, während
du Salz aus der Nacht fällst, der Blick
wieder die Windgalle sucht:

– Ein Stern, tu ihn,
tu den Stern in die Nacht.

(– In meine, in
meine.)

DAS WORT VOM ZUR-TIEFE-GEHN,
das wir gelesen haben.
Die Jahre, die Worte seither.
Wir sind es noch immer.

Weißt du, der Raum ist unendlich,
weißt du, du brauchst nicht zu fliegen,
weißt du, was sich in dein Aug schrieb,
vertieft uns die Tiefe.

DEIN
HINÜBERSEIN heute Nacht.
Mit Worten holt ich dich wieder, da bist du,
alles ist wahr und ein Warten
auf Wahres.

Es klettert die Bohne vor
unserm Fenster: denk
wer neben uns aufwächst und
ihr zusieht.

Gott, das lasen wir, ist
ein Teil und ein zweiter, zerstreuter:
im Tod
all der Gemähten
wächst er sich zu.

Dorthin
führt uns der Blick,
mit dieser
Hälfte
haben wir Umgang.

Zu beiden Händen, da
wo die Sterne mir wuchsen, fern
allen Himmeln, nah
allen Himmeln:
Wie
wacht es sich da! Wie
tut sich die Welt uns auf, mitten
durch uns!

Du bist,
wo dein Aug ist, du bist
oben, bist
unten, ich
finde hinaus.

O diese wandernde leere
gastliche Mitte. Getrennt,
fall ich dir zu, fällst
du mir zu, einander
entfallen, sehn wir
hindurch:

Das
Selbe
hat uns
verloren, das
Selbe

hat uns
vergessen, das
Selbe
hat uns – –

Mit allen Gedanken ging ich
hinaus aus der Welt: da warst du,
du meine Leise, du meine Offne, und –
du empfingst uns.

Wer
sagt, daß uns alles erstarb,
da uns das Aug brach?
Alles erwachte, alles hob an.

Groß kam eine Sonne geschwommen, hell
standen ihr Seele und Seele entgegen, klar,
gebieterisch schwiegen sie ihr
ihre Bahn vor.

Leicht
tat sich dein Schoß auf, still
stieg ein Hauch in den Äther,
und was sich wölkte, wars nicht,
wars nicht Gestalt und von uns her,
wars nicht
so gut wie ein Name?

Und schwer,
und schwer wie dein
nun nach Jahren zählendes
Da- und Mit-mir-Sein.

Und schwer, du Leichte, und schwer.

Und schwer wie das Hier-
und Hinaus-ins-zweite-
Dunkel-Gewogen-
werden.

Dreimal und abermals dreimal
und immer mit dir.

Schwer und schwer und schwer.

Und niemals mit
verkleidetem Herzen.

DIE HELLEN
STEINE gehn durch die Luft, die hell-
weißen, die Licht-
bringer.

Sie wollen
nicht niedergehen, nicht stürzen,
nicht treffen. Sie gehen
auf,
wie die geringen
Heckenrosen, so tun sie sich auf,
sie schweben
dir zu, du meine Leise,
du meine Wahre –:

ich seh dich, du pflückst sie mit meinen
neuen, meinen
Jedermannshänden, du tust sie
ins Abermals-Helle, das niemand
zu weinen braucht noch zu nennen.

Du mit dem Wort, das ich sprach,
du mit dem Schweigen,
du mit dir selbst
in die Welt ge-
stie-
ge-
ne,
du meine Liebe:

verlorene, fehl-
gegangene, wieder
und wieder
heimgeschmerzte: Es ist

spät.

Hilf mir,
hilf dir,
hilf.

Den Stundenweg ging, was ich sagte.
Den Stundenweg ging, was ich schwieg.
Es ging und du gingst,
ins Unendliche gingst du,
vorwärts und rückwärts,
nirgendhin, worthin, dahin.

Laß.
Ein Name tut sich dir auf,
ein zweiter:
Bleib.

Entmischen mußt du, entmischen.
Ein Äußerstes
tun, ein
Innerstes. Ent-
scheiden mußt du dich, aus
Liebe.

Weit, wo du nicht bist, da
bist du, noch immer, geh ihn,
den Herzweg.

Geh, geh. Begeh
das Vergänglichste an dir, das
Tödliche, Dauernde.

Offen, von
Seelenhörnern durchstoßen,
stehen die Stunden, die Münder –: es kann,
aus dem All, ein Verlorenes
kommen, ein Klein-
ewiges, das
innehält als
Muschel, als Aug, als beider
mündiger Schmerz.

DIE SCHWERMUTSSCHNELLEN HINDURCH,
am blanken
Wundenspiegel vorbei:
da werden die vierzig
entrindeten Lebensbäume geflößt.

Einzige Gegen-
schwimmerin, du
zählst sie, berührst sie
alle.

(ICH KENNE DICH, du bist die tief Gebeugte,
ich, der Durchbohrte, bin dir untertan.
Wo flammt ein Wort, das für uns beide zeugte?
Du – ganz, ganz wirklich. Ich – ganz Wahn.)

UNTER DIE HAUT meiner Hände genäht:
dein mit Händen
getrösteter Name.

Wenn ich den Klumpen Luft
knete, unsere Nahrung,
säuert ihn der
Buchstabenschimmer aus
der wahnwitzig-offenen
Pore.

SCHWARZ,
wie die Erinnerungswunde,
wühlen die Augen nach dir
in dem von Herzzähnen hell-
gebissenen Kronland,
das unser Bett bleibt:

durch diesen Schacht mußt du kommen –
du kommst.

Im Samen-
sinn
sternt dich das Meer aus, zuinnerst, für immer.

Das Namengeben hat ein Ende,
über dich werf ich mein Schicksal.

Schaufäden, Sinnfäden, aus
Nachtgalle geknüpft
hinter der Zeit:

wer
ist unsichtbar genug,
euch zu sehn?

Mantelaug, Mandelaug, kamst
durch alle die Wände,
erklimmst
dieses Pult,
rollst, was dort liegt, wieder auf –

Zehn Blindenstäbe,
feurig, gerade, frei,
entschweben dem eben
geborenen Zeichen,

stehn
über ihm.

Wir sind es noch immer.

Deine Augen im Arm,
die
auseinandergebrannten,
dich weiterwiegen, im fliegen-
den Herzschatten, dich.

Wo?

Mach den Ort aus, machs Wort aus.
Lösch. Miß.

Aschen-Helle, Aschen-Elle – ge-
schluckt.

Vermessen, entmessen, verortet, entwortet,

entwo

Aschen-
Schluckauf, deine Augen
im Arm,
immer.

IN DEN GERÄUSCHEN, wie unser Anfang,
in der Schlucht,
wo du mir zufielst,
zieh ich sie wieder auf, die
Spieldose – du
weißt: die unsichtbare,
die
unhörbare.

WIRFST DU
den beschrifteten
Ankerstein aus?

Mich hält hier nichts,

nicht die Nacht der Lebendigen,
nicht die Nacht der Unbändigen,
nicht die Nacht der Wendigen,

Komm, wälz mit mir den Türstein
vors Unbezwungene Zelt.

Füll die Ödnis in die Augensäcke,
den Opferruf, die Salzflut,

komm mit mir zu Atem
und drüber hinaus.

Erlisch nicht ganz – wie andere es taten
vor dir, vor mir,

das Haus, nach dem Knospenregen,
nach der
Umarmung,
weitet sich über uns aus,
während der Stein
festwächst,

ein Leuchter, groß und allein,
taucht hinzu,
erkennt,
als die Schale, ganz aus Porphyr,
aufbricht, wie
es von Verborgenem
wimmelt, unabwendbar,

erfährt,
wo die offenen Augen jetzt stehn,
morgens, mittags, abends, nachts.

Schreib dich nicht
zwischen die Welten,

komm auf gegen
der Bedeutungen Vielfalt,

vertrau der Tränenspur
und lerne leben.

Auf überregneter Fährte
die kleine Gauklerpredigt der Stille.

Es ist, als könntest du hören,
als liebt ich dich noch.

DIE LIEBE, zwangsjackenschön,
hält auf das Kranichpaar zu.

Wen, da er durchs Nichts fährt,
holt das Veratmete hier
in eine der Welten herüber?

Irisch

Gib mir das Wegrecht
über die Kornstiege zu deinem Schlaf,
das Wegrecht
über den Schlafpfad,
das Recht, daß ich Torf stechen kann
am Herzhang,
morgen.

TAU. Und ich lag mit dir, du, im Gemülle,
ein matschiger Mond
bewarf uns mit Antwort,

wir bröckelten auseinander
und bröselten wieder in eins:

der Herr brach das Brot,
das Brot brach den Herrn.

Lippen, Schwellgewebe der Du-Nacht:

Steilkurvenblicke kommen geklettert,
machen die Kommissur aus,
nähn sich hier fest –:
Zufahrtsverbote, Schwarzmaut.

Es müßte noch Leuchtkäfer geben.

WIR LAGEN
schon tief in der Macchia, als du
endlich herankrochst.
Doch konnten wir nicht
hinüberdunkeln zu dir:
es herrschte
Lichtzwang.

Abglanzbeladen, bei den
Himmelskäfern,
im Berg.

Den Tod,
den du mir schuldig bliebst, ich
trag ihn
aus.

Aus Verlornem Gegossene du,
maskengerecht,

die Lid-
falte entlang
mit der eignen
Lidfalte dir nah sein,

die Spur und die Spur
mit Grauem bestreun,
endlich, tödlich.

WAS UNS
zusammenwarf,
schrickt auseinander,

ein Weltstein, sonnenfern,
summt.

SINK mir weg
aus der Armbeuge,

nimm den Einen
Pulsschlag mit,

verbirg dich darin,
draußen.

WIE DU dich ausstirbst in mir:

noch im letzten
zerschlissenen
Knoten Atems
steckst du mit einem
Splitter
Leben.

Ich kann dich noch sehn: ein Echo,
ertastbar mit Fühl-
wörtern, am Abschieds-
grat.

Dein Gesicht scheut leise,
wenn es auf einmal
lampenhaft hell wird
in mir, an der Stelle,
wo man am schmerzlichsten Nie sagt.

Herzschall-Fibeln, eingezäunt,

das Kranichpaar
denkt sich dir vor,

aspektral
verschenkt sich das Licht deiner Blume,

dem Fangbein der Mantis
begegnet dein über-
sterniges
Immer.

Wirk nicht voraus,
sende nicht aus,
steh
herein:

durchgründet vom Nichts,
ledig allen
Gebets,
feinfügig, nach
der Vor-Schrift,
unüberholbar,

nehm ich dich auf,
statt aller
Ruhe.

Largo

Gleichsinnige du, heidegängerisch Nahe:

über-
sterbens-
groß liegen
wir beieinander, die Zeit-
lose wimmelt
dir unter den atmenden Lidern,

das Amselpaar hängt
neben uns, unter
unsern gemeinsam droben mit-
ziehenden weißen

Meta-
stasen.

Pulsstrahlen, in der
Arm-
beuge: das
Wort
Geliebte, von Brot-
händen entfaltet und lange
gehalten,
jetzt hier, ein Immer, als
gehörte die Nacht um mich sich, im Schutz
deines Tags.

HERVORGEDUNKELT, noch einmal,
kommt deine Rede
zum vorgeschatteten Blatt-Trieb
der Buche.

Es ist
nichts herzumachen von euch,
du trägst eine Fremdheit zu Lehen.

Unendlich
hör ich den Stein in dir stehn.

Sieglos lebst du mit mir,
klein
und beladen.

Nur draußen, wo
unsre Seelen noch stehn, auf dem Unland, da
singts. Singt es
im Abglanz
dessen, der neben uns ging.

Ob Wolke, ob Stern: wir
sehen nicht auf.

Rück näher, komm:
daß es nicht zweimal wehe
durch unser
offenes Haus.

Meine
dir zugewinkelte Seele
hört dich
gewittern,

in deiner Halsgrube lernt
mein Stern, wie man wegsackt
und wahr wird,

ich fingre ihn wieder heraus –
komm, besprich dich mit ihm,
noch heute.

Es stand
der Feigensplitter auf deiner Lippe,

es stand
Jerusalem um uns,

es stand
der Hellkieferndufft
überm Dänenschiff, dem wir dankten,

ich stand
in dir.

WIR, DIE WIE DER STRANDHAFER WAHREN,
in N'we Awiwim,

der ungeküßte
Stein einer Klage
rauscht auf,
vor Erfüllung,

er befühlt unsre Münder,
er wechselt
über zu uns,

eingetan ist uns
sein Weiß,

wir geben uns weiter:
an dich und an mich,

die Nacht, sieh dich vor, die sand-
befehligte,
nimmt es genau
mit uns zwein.

Komm, leg die Welt aus mit dir,
komm, laß mich euch zuschütten mit
allem Meinen,

Eins mit dir bin ich,
uns zu erbeuten,

auch jetzt.

Die Pole
sind in uns,
unübersteigbar
im Wachen,
wir schlafen hinüber, vors Tor
des Erbarmens,

ich verliere dich an dich, das
ist mein Schneetrost,

sag, daß Jerusalem *ist*,

sags, als wäre ich dieses
dein Weiß,
als wärst du
meins,

als könnten wir ohne uns wir sein,

ich blättre dich auf, für immer,

du betest, du bettest
uns frei.

Es wird etwas sein, später,
das füllt sich mit dir
und hebt sich
an einen Mund

Aus dem zerscherbten
Wahn
steh ich auf
und seh meiner Hand zu,
wie sie den einen
einzigen
Kreis zieht

Nachwort

I

Paul Celan ist ein deutschsprachiger Dichter von weltliterarischem Format. In Literaturgeschichten und Lexika hat sein Name längst Eingang gefunden. Bekannt wurde er in Deutschland durch ein Gedicht, in dem er, der jüdische Dichter, der die Mordmaschinerie der Deutschen überlebte, die Shoah und das Leid in den Konzentrationslagern zum Thema eines Gedichtes machte. Im Bewußtsein vieler ist er der Dichter der »Todesfuge«, und sein dichterisches Werk gilt seither als »Mahnmal für die Opfer des Faschismus«.

Als einen Liebesdichter hat man Celan bislang nicht wahrgenommen. Zu Unrecht, wie diese Auswahl zeigen möchte. Die Gründe dafür liegen aber auf der Hand. Mancher wird dieses Buch mit einem unguten Gefühl in die Hand genommen haben, sich fragend, ob es erlaubt ist, von einem Autor, dessen Gedichte auf die Shoah bezogen sind, eine Auswahl mit Liebesgedichten vorzulegen. Daß man sich im Falle Celans eine solche Frage überhaupt stellt, hat sicher auch mit der nachhaltigen Wirkung von Adornos Diktum zu tun, nach Auschwitz ein Gedicht zu schreiben sei barbarisch. Was für Lyrik im allgemeinen gilt, das muß natürlich in besonderem Maße für Liebeslyrik gelten.

Die Gedichte dieser Auswahl sollen dagegen bezeugen, daß Paul Celan als Liebesdichter noch zu entdecken ist.

Ich behaupte sogar, daß er *der* moderne deutschsprachige Liebesdichter der zweiten Hälfte des 20. Jahrhunderts ist. Er hat, so bemerkte einst Harald Weinrich zu Recht, »für seine Person und sein Werk ein Jahrhundert europäischer Lyrik resümiert«. Das gilt auch für die Geschichte der deutschen Lyrik, die ja bereits seit ihren Anfängen zugleich eine Geschichte des deutschen Liebesgedichts ist.

2

Celans Gedichte, das hat er mehrfach betont, entstanden unter »dem Neigungswinkel« seines Schicksals, eines Schicksals, das schon früh von der unheilvollen Weltgeschichte überschattet wurde. Seine Verse kennzeichnet von Anfang an der Ton der Schwermut und des Leids. Das gilt auch für die frühen Liebesgedichte, die noch deutliche Spuren seiner dichterischen Vorbilder Rilke, George, Hofmannsthal und Trakl tragen. Sie alle haben uns eine Vielzahl wunderbarer Liebesgedichte hinterlassen. Und auch der Einfluß Bertolt Brechts ist in den frühen Versen spürbar, etwa im Rückgriff auf die Tagelied-Tradition.

Hört man aus den Gedichten der 40er Jahre noch deutlich den Ton Rilkes und Trakls heraus, so hat jedoch das Frühwerk auch bereits einen internationalen Klang. In Czernowitz, jener kleinen, aber weltoffenen Hauptstadt der Bukowina, in der »unter der Oberfläche des Sprechbaren«, wie Rose Ausländer beschreibt, »die tiefen, weitverzweigten Wurzeln der verschiedenartigen Kulturen« lagen und sich befruchteten, in der man »die klassischen und modernen Werke der fremdsprachigen, insbesondere der französischen, russischen, englischen und amerikanischen Literatur« verschlang, war die Sprache der Poesie vielstimmig. Schon früh begann Celan aus fremden Sprachen zu übersetzen. 36 Übertragungen aus fünf Sprachen entstanden in Czernowitz. Sein Aufenthalt in Frankreich 1938 verstärkte zudem das Interesse für die französischen Dichter. Er las Apollinaire, Baudelaire, Rimbaud und Villon, übersetzte Gedichte Verlaines und Eluards, vor allem Liebesgedichte mit meist schwermütigem Ton. Auch die Übertragungen aus dem Russischen (Jessenins »Persische Motive«) und dem Englischen (Housman, Yeats und Brooke) zeugen von dieser Vorliebe.

3

Wer Celans Dichtung zum »Mahnmal« erklärt, der ignoriert eine Seite des Menschen Paul Celan. Er war schon als junger Mann ein Liebling der Frauen. Seine Liebe, so wird berichtet, konnte auflodern und erlöschen, wie ein »Strohfeuer«. Petre Solomon, ein Freund aus Bukarester Tagen, berichtet: »Er war, was man einen ›schönen jungen Mann‹ nennt, mit außerordentlichem, persönlichem Charme, die Mädchen flogen auf ihn, und auch er selber war ständig verliebt.« Die Dichterin Nina Cassian erinnert sich: »Er fand von einer Liebe zu einer anderen, von einem schönen und fröhlichen Mädchen zu einem anderen von verborgener Schönheit, geheimnisvoll und melancholisch.« Seine Verse besingen daher niemals eine abstrakte, platonische Liebe. Seine Gedichte haben immer ein konkretes Gegenüber, auf das sie sich beziehen lassen.

Im Sommer 1940 macht Paul Celan die Bekanntschaft einer jungen Schauspielerin, die um einige Jahre älter ist als er: Ruth Kraft. Als »Geliebte«, als »Schwester« ist sie in seinen Gedichten der kommenden Jahre präsent. Ihr vertraut er sein erstes selbst komponiertes Lyrikbuch an, das viele Gedichte enthält, die er im Arbeitslager für sie und um selbst überleben zu können, aufschrieb. Als verträumt und schwärmerisch hat Ruth Kraft ihn beschrieben, als jemanden, der, wortgewandt und belesen, wie er war, plötzlich verstummen konnte, weil ihn die Gefühle übermannten. Dann verabschiedete er sich, um der Freundin später, »in einem kurzen Brief, den er selbst überreichte, das zu sagen, was er vorher nicht hatte aussprechen können«. Schon damals ist es das Geschriebene, die dichterische Rede, mit der Celan zu sprechen versucht, mit der er sich Wirklichkeit im grauen Alltag des Arbeitslagers entwirft.

Mit seinen dichterischen Vorbildern, vor allem mit Trakl und Rilke, trieb er damals einen wahren Kult und auch mit Shakespeare, aus dessen Dramen er gerne rezitierte – mit Vorliebe die Rollen jener Frauen, die dank der Tiefe, Wahrhaftigkeit und Tragik ihrer Liebe schillernde Frauengestalten der Weltliteratur sind: Julia und Orphelia. Schon früh begann Celan zudem aus Shakespeares Sonetten zu übersetzen. Sein Notizbuch aus dem rumänischen Arbeitslager, in das er 1943 Verse für Ruth und sich selbst einträgt, beginnt mit einer Übertragung des 57. Sonetts, das mit den Versen endet: »Solch treuer Narr ist Liebe. Schlechtes sinnt / sie nie. Was immer auch dein Herz beginnt.«

Als er der Freundin im August 1943 das Gedicht »Das Fenster im Südturm« aus dem Arbeitslager zusendet, schreibt er dazu: »Was ich über die Ferne hinweg schenken kann, als einen Schimmer, als einen leisen Ruf (wo ist die Beredsamkeit des sternhellen Herzens, wo ist der Rausch der Gärten?) ist nur ein Gedicht. Es will für einen Augenblick (oder für viele?) den Atem einer südlichen Landschaft durch Dein Haar wehen lassen, und wenn das Meer Deinen Blick dann wieder losläßt, hofft einer der im Dunkel weilt, nahe, mit den Wellen der einzig Wirkliche zu bleiben.« Bereits hier ist das Gedicht ein »leiser Ruf«, der über die Fernen hin den »Atem« des Dichters mit sich trägt.

Schon von den frühen Versen Celans geht ein unvergleichlicher Zauber aus. Schwermütig und geheimnisvoll sind die Verse, in denen er in der unmenschlichen Situation des Lagers zu einem eigenen Ton findet. Verse voll Zärtlichkeit und Erotik brauchen den Vergleich mit den großen dichterischen Vorbildern nicht zu scheuen. Das belegen Gedichte wie »Schlaflied« (»Nun, wenn nur Wimpern die Stunden begrenzen, / tut sich das Leben der Dunkelheit kund. / Schließe, Geliebte, die Augen, die glänzen. / Nichts mehr sei Welt als dein schimmernder Mund.«) oder das Gedicht »Seidelbast« (»Am offenen Fenster wechselt deine Welt. / Die kleinen Blüten flüstern dir Befehle. / So bleibt, was dir mein Herz vertraut erhält, / ein starker Duft im Süden deiner Seele.«). Gerade das zuletzt genannte Gedicht wird im Verhältnis zu seiner späteren Frau Gisèle Celan-Lestrange noch einmal von Bedeutung sein. Auch dies dokumentiert, daß Celans Gedichte unterwegs sind, sich von den Personen und Ereignissen, für die sie geschrieben sind, lösen können und auf ein neues, anderes ansprechbares Du zuzuhalten vermögen. Celans Liebesgedichte, die oft schwermütigen und bitteren, sprechen für sich.

4

Der wichtigste und bedeutendste Briefwechsel für unser Thema ist die Korrespondenz zwischen Paul Celan und seiner Frau Gisèle Celan-Lestrange. Spätestens mit der Veröffentlichung dieser Briefe wurde der Weg bereitet, Paul Celan auch als einen modernen Liebesdichter des 20. Jahrhunderts zu entdecken. Die Lektüre der Briefe fördert das Verständnis der Gedichte, indem sie uns eindringlich das Leben und das Schicksal des Menschen Paul Celan vor Augen führt: die Wunden, die Ängste, die familiären Freuden, die dichterischen Entwürfe. Sie zeigt uns aber auch eine starke, moderne Frau, deren große Liebe den Dichter in schwierigsten Zeiten hält.

Im Mai 1952, als Celan zum ersten Mal seit 1938 nach Deutschland aufbricht, um in Niendorf an der Tagung der Gruppe 47 teilzunehmen (wo man ihn für die Lesung seiner »Todesfuge« auslachen wird), schreibt er noch vom Pariser Bahnhof aus an seine spätere Frau Gisèle:

Mein Engel, diese Zeilen werden Sie im Augenblick erreichen, in dem mein Zug in Hamburg, Deutschland, halten wird ... Heute, drei Stunden vor meiner Abfahrt, spüre ich, wie fremd mir dies Land ist. Fremd trotz der Sprache, trotz vieler anderer Dinge ... Ma chérie, ich werde immer nur mit Ihnen leben können, bei Ihnen, in Ihrem Land, in

Paris. Paris habe ich zwar vor Ihnen geliebt, aber für Sie, Sie dort erwartend.

Ich werde mich beeilen zurückzukommen, ma chérie, sehr beeilen. Wenn es für mich irgendwo einen Platz gibt, dann ist es wirklich dort, wo Ihre Augen sich öffnen. Doch Ihr Blick begleitet mich, nicht wahr?

Paul

Diese Zeilen sind alles andere als der flüchtig am Bahnhof verfaßte Brief eines frisch verliebten jungen Dichters. Der Ort und der Duktus der Zeilen sprechen für sich. Hier hat ein Unbehauster, allzeit Fremder und damals noch Staatenloser, ein vertriebener und getriebener Dichter, seine Heimat, sein »Herzland«, gefunden.

Schon bevor er seine spätere Frau Gisèle de Lestrange in Paris kennenlernt, gehören die Worte Auge, Herz, Hand, Mund und Rose zu den wichtigsten Vokabeln seiner Dichtung. Jetzt aber, nach der Begegnung mit ihr, werden diese nahezu »klassischen« Wörter der Liebeslyrik in den neu entstandenen Gedichten – und das sind neben einigen späten Gedichten aus »Mohn und Gedächtnis« alle seit »Von Schwelle zu Schwelle« verfaßten – zugleich zu persönlichsten Vokabeln ihrer Liebe. Die 737 Briefe der beiden, die in einer vorbildlichen Edition vorliegen, sind das bewegende Zeugnis einer großen Liebe des 20. Jahrhunderts. Viele Gedichte dieses Auswahlbandes dokumentieren dies, einige sind direkt für Gisèle geschrieben. So auch jenes, das er ihr am 23. April 1966, 14 Jahre nach dem frühen Brief – im Goethe-Institut Paris wird gerade die Ausstellung »Atemkristall« mit Gedichten Celans und

Radierungen seiner Frau gezeigt –, mit folgenden Worten zuschickt:

Mon amour, mein Licht, Geliebte, Dein Brief, ganz Dir gleich, erfüllt mein Herz – ich lasse ihn um mein Herzland und zu allen meinen Gestaden reisen, ich überschwemme die Welt damit, die Deine und die meine, ich jubiliere schmerzlich in der Wahrheit.

Wie bin ich doch so verblendet gewesen, während, so nahe bei mir, Deine Liebe mir noch und noch den strahlenden Beweis der Frau lieferte, für die mein eigenes Herz, unterwegs, von weit hergekommen, verpfändet bleibt. *Ich sehe Dich, ma Chérie.*

Ich schreibe Dir, hier, einige Zeilen, aus einer Welt, unserer, *der* unseren, gekommen:

Schreib dich nicht
zwischen die Welten,

vertrau der Tränenspur
und lerne leben.

Paul

5

Paul Celans Liebesgedichte stammen aus allen Zeiten seines Lebens. Während die frühen Gedichte noch in starkem Maße die Tradition vergegenwärtigen und eine Sprache sprechen, die gelegentlich »poetisiert«, wird Celans Sprache – in besonderem Maße seit der Arbeit an dem Gedichtband »Sprachgitter« –, »nüchterner, faktischer«,

»grauer«. Kritiker warfen ihm Hermetismus und Unverständlichkeit vor. Das Vorurteil, Celans Gedichte seien unzugänglich und schwer verständlich, hat sich seitdem in den Köpfen festgesetzt. Viele nennen zwar ehrfurchtsvoll seinen Namen, nehmen sich aber nicht die nötige Zeit für die Lektüre der Gedichte. Celans Spätwerk wird noch heute von der Forschung stiefmütterlich behandelt.

Daher habe ich ebenso viele Gedichte aus der frühen und mittleren Periode Celans gewählt wie aus dem Spätwerk. Sicher, Celans späte Lyrik widersetzt sich der Interpretation in weitaus stärkerem Maße als die früheren Verse. Der Reim fehlt fast vollständig, die Worte werden spröder und sparsamer verwendet. Die Intensität der Liebesgedichte aber bleibt, etwa in dem Gedicht »Es wird« aus dem Band »Zeitgehöft«. Es ist das letzte Gedicht, und zugleich sind es die letzten Worte, die der Dichter an seine Frau richtet:

Es wird etwas sein, später,
das füllt sich mit dir
und hebt sich
an deinen Mund

Aus dem zerscherbten
Wahn
steh ich auf
und seh meiner Hand zu,
wie sie den einen
einzigen
Kreis zieht

6

Die Gedichte des Bandes sind chronologisch geordnet. Die Auswahl erfolgte nach der erweiterten Ausgabe der »Gesammelten Werke« in sieben Bänden, d.h. aus allen Gedichten, die uns bis heute vorliegen. Allerdings wurden von den »Gedichten aus dem Nachlaß« nur solche ausgewählt, die deutlich im Zusammenhang mit der Beziehung zu seiner Frau entstanden und als vom Dichter autorisiert gelten können. Die meisten davon schrieb er ihr zu besonderen Anlässen (z.B. »Du mit dem Wort« und »Auch wir wollen sein«).

Der Begriff des Liebesgedichts wurde nicht so eng gefaßt, wie es bei Sammlungen dieser Art üblich ist. Vor allem unter den späten Gedichten finden sich einige, die Anklage sind und von Enttäuschungen und Verbitterungen zeugen (»Abglanzbeladen«, »Wie du«). Liebesgedichte sind immer auch Ausdruck der Zeit, in der sie entstehen. Das moderne Liebesgedicht spricht deutlicher von den vielfachen Gefährdungen menschlicher Beziehungen und von den Wunden, die Liebe schlagen kann.

Es wurden auch zwei Gedichte in die Sammlung aufgenommen, die an die Liebe des Dichters zu seinem Sohn Eric erinnern (»Blume«, »Ein Holzstern«). Dies geschah eingedenk der Tatsache, daß sein Sohn und seine Frau die einzigen Menschen waren, denen Celan bis zuletzt wahrhaft und vorbehaltlos vertraute. Davon zeugen auch die Widmungen in den Gedichtbänden, die er ihnen schenkte. »Für Maja, für ihre Augen / in denen diese Verse eingeschrieben standen / und stehenbleiben / Für Sie, meine Seele und mein

Leben – / Damit Sie sie öffnen / unter unserer Lampe, bei unserem / Sohn«, notierte er für seine Frau zu deren 32. Geburtstag in den Band »Sprachgitter«, und in das Exemplar für seinen Sohn schrieb er, in Anspielung an das Gedicht »Ein Holzstern«: »Für Eric, dessen Sterne / ich in die Nacht gesetzt habe, / mit meinem Herzen, das ihm dafür dankt. / In unserem Haus, immer / sein Vater«.

7

In seiner wichtigen Rede »Der Meridian« hat Celan Büchners Lucile besondere Aufmerksamkeit geschenkt, jener tragischen Figur, die mit ihrem »Gegenwort«, dem vielgedeuteten »Es lebe der König«, den entscheidenden Schritt der Dichtung wagt. Es ist ein »Akt der Freiheit«, wie Celan betont, aber zugleich auch ein Akt der Liebe. Denn sie, die aufmerksam Wahrnehmende, die Liebende und am Verlust des Geliebten Leidende, zeugt für die »Gegenwart des Menschlichen« in einer grausam-absurden Welt. Somit ist die Dichtung auch in diesem schmerzhaften Sinne ein Liebesdienst. Celans Gedichte sind es in besonderem Maße. Sie suchen und brauchen ein aufmerksames und ihnen zugeneigtes Gegenüber. Darauf halten sie zu, »in dem – gewiß nicht immer hoffnungsstarken – Glauben«, sie könnten irgendwo und irgendwann ein »Herzland« erreichen.

Joachim Seng

Alphabetisches Verzeichnis der Gedichtüberschriften und -anfänge

Inhalt

Zu dieser Ausgabe

insel taschenbuch 2945: Paul Celan, Liebesgedichte. Die Gedichte wurden der Ausgabe entnommen: Paul Celan, Gesammelte Werke in sieben Bänden. Herausgegeben von Beda Allemann und Stefan Reichert unter Mitwirkung von Rolf Bücher. Umschlagabbildung: Gino Severini, Maternità. Ausschnitt. 1916. Museo dell'Accademia Etrusca, Cortona.

Der Abdruck folgender Gedichte erfolgt mit freundlicher Genehmigung:

Die Hand voller Stunden; Die Jahre von dir zu mir; Corona; Vom Blau; Wer sein Herz; Kristall; Nachts, wenn das Pendel; Der Tauben weißeste; Aus Herzen und Hirnen.

Aus: Paul Celan, Mohn und Gedächtnis. Deutsche Verlags-Anstalt, Stuttgart 1952.

Im Spätrot; Leuchten; Zwiegestalt; Wo Eis ist; Bretonischer Strand; Die Halde; Ich weiß.

Aus: Paul Celan, Von Schwelle zu Schwelle. Deutsche Verlags-Anstalt, Stuttgart 1955.

Blume; Sprachgitter; Nacht; Aber; Ein Holzstern.

Aus: Paul Celan, Sprachgitter. S. Fischer Verlag, Frankfurt am Main 1959.

Das Wort vom Zur-Tiefe-Gehn; Dein Hinübersein; Zu beiden Händen; Mit allen Gedanken; Die hellen Steine.

Aus: Paul Celan, Die Niemandsrose. S. Fischer Verlag, Frankfurt am Main 1963.

Die schönsten Liebesgedichte im insel taschenbuch Eine Auswahl

Anna Achmatowa
Liebesgedichte
Ausgewählt von Olaf Irlenkäuser
Übertragen von Alexander Nitzberg
it 2946. 113 Seiten

Jane Austen
Über die Liebe
Ausgewählt von Felicitas von Lovenberg
it 3261. 120 Seiten

Elizabeth Barrett-Browning
Liebesgedichte
Ausgewählt von Felicitas von Lovenberg
it 3187. 112 Seiten

Bertolt Brecht
Liebesgedichte
Ausgewählt von Werner Hecht
it 2824. 117 Seiten

Paul Celan
Liebesgedichte
Ausgewählt von Joachim Seng
it 2945. 104 Seiten

Annette von Droste-Hülshoff
Liebesgedichte
Ausgewählt von Werner Fritsch
it 2876. 126 Seiten

NF 69/1/2.07

Johann Wolfgang Goethe
Liebesgedichte
Ausgewählt von Karl Eibl
it 2825. 108 Seiten

Heinrich Heine
Liebesgedichte
Ausgewählt von Thomas Brasch
it 2822. 96 Seiten

Hermann Hesse
Liebesgedichte
Ausgewählt von Volker Michels
it 2826. 116 Seiten

Hermann Hesse
Nur wer liebt, ist lebendig
Herausgegeben und mit einem Nachwort
von Volker Michels
it 3227. 124 Seiten

Indische Liebesgedichte
Übertragen von Friedrich Rückert
Mit einem Nachwort von Martin Kämpchen
it 3173. 143 Seiten

Mascha Kaléko
Liebesgedichte
Herausgegeben von Elke Heidenreich.
it 3263. 138 Seiten

Marie Luise Kaschnitz
Liebesgedichte
Ausgewählt von Elisabeth Borchers
it 3123. 123 Seiten

NF 69/2/2.07

Else Lasker-Schüler
Liebesgedichte
Ausgewählt von Eva Demski
it 3083. 137 Seiten

Nikolaus Lenau
Liebesgedichte
Ausgewählt von Wilfrid Lutz
it 2838. 132 Seiten

Liebesgedichte an Frauen
Ausgewählt von Gesine Dammel
Gebundene Ausgabe
it 2930. 170 Seiten

Liebesgedichte von Frauen
Ausgewählt von Heike Ochs
Gebundene Ausgabe
it 2929. 174 Seiten

Die schönsten Liebesgedichte der Antike
Ausgewählt von Michael Schroeder
it 3163. 114 Seiten

Friederike Mayröcker
Liebesgedichte
Ausgewählt von Ulla Unseld-Berkéwicz
it 3214. 130 Seiten

Michelangelo
Liebesgedichte
Übersetzt von Michael Engelhard
it 3244. 120 Seiten

NF 69/3/2.07

Eduard Mörike
Liebesgedichte
Ausgewählt von Wilfrid Lutz
it 3040. 151 Seiten

Novalis
Liebesgedichte
Ausgewählt von Gerhard Schulz
it 2874. 103 Seiten

Francesco Petrarca
Liebesgedichte an Laura
Übertragen von Jürgen von Stackelberg
it 3022. 120 Seiten

Alexander Puschkin
Liebesgedichte
Ausgewählt von Rolf-Dietrich Keil
it 2968. 126 Seiten

Rainer Maria Rilke
Liebesgedichte
Ausgewählt von Vera Hauschild
Mit einem Nachwort von Siegfried Unseld
it 2823. 100 Seiten

Joachim Ringelnatz
Liebesgedichte
Ausgewäht von Günter Stolzenberger
it 3082. 132 Seiten

Sappho
Liebesgedichte
Ausgewählt von Marion Giebel
it 3245. 69 Seiten

NF 69/4/2.07

William Shakespeare
Liebesgedichte
Ausgewählt von Jutta Kaußen
it 2987. 119 Seiten

Wisława Szymborska
Liebesgedichte
Ausgewählt von Karl Dedecius
it 3111. 138 Seiten

Galsan Tschinag
Liebesgedichte
Mit einem Nachwort des Autors
it 3264. 121 Seiten

Die schönsten Liebesgedichte
Ausgewählt von Günter Berg
it 2827. 118 Seiten

Die schönsten Liebesgedichte
Ausgewählt von Sigrid Damm
it 1872. 167 Seiten

Rabindranath Tagore
Liebesgedichte
Ausgewählt von Martin Kämpchen
it 2988. 106 Seiten

NF 69/5/2.07

Klassische deutsche Literatur im insel taschenbuch Eine Auswahl

Der Kanon. Die deutsche Literatur. Herausgegeben von Marcel Reich-Ranicki.
- Erzählungen. 10 Bände und ein Begleitband im Schuber. 5700 Seiten
- Romane. 20 Bände im Schuber. 8112 Seiten
- Dramen. 8 Bände und ein Begleitband im Schuber. 4500 Seiten

Georg Büchner. Sämtliche Werke. Die kommentierte Ausgabe des Deutschen Klassiker Verlages. Zwei Bände in Kassette im insel taschenbuch. Herausgegeben von Henri Poschmann unter Mitarbeit von Rosemarie Poschmann. 2320 Seiten

Wilhelm Busch. Gedichte. Ausgewählt von Theo Schlee. Mit Illustrationen von Wilhelm Busch. it 2531. 195 Seiten

Annette von Droste-Hülshoff
- Der Distel mystische Rose. Gedichte und Prosa. Ausgewählt von Werner Fritsch. it 2193. 170 Seiten
- Die Judenbuche. Ein Sittengemälde aus dem gebirgichten Westfalen. Mit Illustrationen von Max Unold. it 399. 128 Seiten. it 3096. 108 Seiten
- Liebesgedichte. Ausgewählt von Werner Fritsch. it 2876. 136 Seiten
- Sämtliche Erzählungen. Herausgegeben von Manfred Häckel. it 1521. 234 Seiten
- Sämtliche Gedichte. Nachwort von Ricarda Huch. it 1092. 750 Seiten

Marie von Ebner-Eschenbach. Dorf- und Schloßgeschichten. Ausgewählt und mit einem Nachwort versehen von Joseph Peter Strelka. it 1272. 390 Seiten

NF 26/1/12.06

Joseph Freiherr von Eichendorff
- Aus dem Leben eines Taugenichts. Mit Illustrationen von Adolf Schrödter und einem Nachwort von Ansgar Hillach. it 202. 154 Seiten
- Gedichte. Mit Zeichnungen von Otto Ubbelohde. Herausgegeben von Traude Dienel. it 255. 163 Seiten
- Gedichte. In chronologischer Folge herausgegeben von Hartwig Schultz. it 1060. 268 Seiten
- Liebesgedichte. Herausgegeben vonWilfried Lutz. it 2591. 219 Seiten
- Novellen und Gedichte. Ausgewählt und eingeleitet von Hermann Hesse. it 360. 325 Seiten
- Sämtliche Gedichte und Versepen. Herausgegeben von Hartwig Schultz. it 3158. 752 Seiten

Theodor Fontane
- Briefe an Georg Friedlaender. Herausgegeben und mit einem Nachwort von Walter Hettche. Mit einem Essay von Thomas Mann. it 1565. 486 Seiten
- Effi Briest. Mit 21 Lithographien von Max Liebermann. it 138 und it 2811. 354 Seiten
- Ein Leben in Briefen. Ausgewählt und herausgegeben von Otto Drude. it 540. 518 Seiten
- Ein Sommer in London. Mit einem Nachwort von Harald Raykowski. it 1723. 252 Seiten
- Fontane für Gestreßte. Ausgewählt von Otto Drude. it 3030. 106 Seiten
- Frau Jenny Treibel oder »Wo sich Herz zum Herzen findt«. Roman. Mit einem Nachwort von Richard Brinkmann. it 746 und it 2952. 269 Seiten
- Gedichte. Ausgewählt und mit einem Nachwort von Rüdiger Görner. it 2221. 200 Seiten
- Die Gedichte. Herausgegeben von Otto Drude. it 2684. 751 Seiten

NF 26/2/12.06

- Grete Minde. Nach einer altmärkischen Chronik. Mit einem Nachwort von Peter Demetz. it 1157. 154 Seiten
- Meine Kinderjahre. Autobiographischer Roman. Mit einem Nachwort von Otto Drude. Mit Illustrationen und Abbildungen. it 705. 276 Seiten
- Der Stechlin. Mit einem Nachwort von Walter Müller-Seidel. it 152. 504 Seiten
- Unterm Birnbaum. Erzählung. Mit einem Nachwort von Otto Drude. Großdruck. it 2428. 192 Seiten

Georg Forster. Reise um die Welt. Herausgegeben und mit einem Nachwort von Gerhard Steiner. it 757. 1039 Seiten

Johann Wolfgang Goethe
- Elegie von Marienbad. it 1250. 128 Seiten
- Erotische Gedichte. Gedichte, Skizzen und Fragmente. Herausgegeben von Andreas Ammer. it 1225. 246 Seiten
- Faust. Text und Kommentar. Herausgegeben von Albrecht Schöne. Zwei Bände in Kassette. it 3000. 1976 Seiten
- Gedichte. Sämtliche Gedichte in zeitlicher Folge. Herausgegeben von Heinz Nicolai. it 2281. 1264 Seiten
- Gedichte in zeitlicher Folge. Herausgegeben von Heinz Nicolai. it 1400. 1249 Seiten
- Gedichte in Handschriften. Fünfzig Gedichte Goethes. Ausgewählt und erläutert von Karl Eibl. it 2175. 288 Seiten
- Goethe für Gestreßte. Ausgewählt von Walter Hinck. it 1900. 132 Seiten
- Goethe, unser Zeitgenosse. Über Fremdes und Eigenes. Herausgegeben von Siegfried Unseld. it 1425. 154 Seiten
- Italienische Reise. Mit Zeichnungen des Autors. Herausgegeben und mit einem Nachwort von Christoph Michel. it 175. 808 Seiten
- Das Leben, es ist gut. Hundert Gedichte. Ausgewählt von Siegfried Unseld. it 2000. 204 Seiten
- Die Leiden des jungen Werther. it 2775. 170 Seiten

NF 26/3/12.06

- Liebesgedichte. Ausgewählt von Karl Eibl. it 2825. 128 Seiten
- Märchen. Der neue Paris. Die neue Melusine. Das Märchen. Herausgegeben von Katharina Mommsen. it 2287. 232 Seiten
- Maximen und Reflexionen. Text der Ausgabe von 1907 mit der Einleitung Max Heckers. Nachwort Isabella Kuhn. it 200. 370 Seiten
- Novelle. Herausgegeben von Peter Höfle. it 2625. 80 Seiten
- Novellen. Herausgegeben und mit einem Nachwort von Katharina Mommsen. Mit Zeichnungen von Max Liebermann. it 425. 293 Seiten
- Ob ich dich liebe weiß ich nicht. Liebesgedichte. Herausgegeben von Karl Eibl. Großdruck. it 2396. 175 Seiten
- Tagebuch der Italienischen Reise 1786. Notizen und Briefe aus Italien. Mit Skizzen und Zeichnungen des Autors. Herausgegeben und erläutert von Christoph Michel. it 176. 402 Seiten
- Verweile doch. 111 Gedichte mit Interpretation. Herausgegeben von Marcel Reich-Ranicki. it 1775. 512 Seiten
- Die Wahlverwandtschaften. Ein Roman. it 1. 333 Seiten. it 2950. 314 Seiten
- West-östlicher Divan. Mit Essays zum »Divan« von Hugo von Hofmannsthal, Oskar Loerke und Karl Krolow. Herausgegeben von Hans-J. Weitz. it 75. 400 Seiten

Wilhelm Hauff
- Die Geschichte von dem kleinen Muck. Mit Illustrationen von Fritz Fischer und einem Nachwort von Ludwig Harig. it 2867. 94 Seiten
- Märchen. Herausgegeben von Bernhard Zeller. Mit Illustrationen von Theodor Weber, Theodor Hosemann und Ludwig Burger. it 216. 480 Seiten
- Das Wirtshaus im Spessart. Eine Erzählung. it 2584. 202 Seiten

NF 26/4/12.06

Heinrich Heine
- Buch der Lieder. Mit zeitgenössischen Illustrationen und einem Nachwort von E. Galley. it 33. 322 Seiten
- Deutschland. Ein Wintermärchen. Mit einem Nachwort von Thomas Rosenlöcher. it 3153. 136 Seiten
- Heine für Gestreßte. Ausgewählt von Joseph Anton Kruse. it 3155. 112 Seiten
- Liebesgedichte. Ausgewählt von Thomas Brasch. it 2822. 96 Seiten
- Mein Leben. Autobiographische Texte. Ausgewählt von Joseph Anton Kruse. Mit zahlreichen Abbildungen. it 3154. 208 Seiten
- Der Rabbi von Bacherach. Ein Fragment. Mit einem Nachwort von Joseph A. Kruse. Großdruck. it 2426. 120 Seiten
- Sämtliche Gedichte in zeitlicher Folge. Herausgegeben von Klaus Briegleb. it 1963. 917 Seiten
- Späte Gedichte und Lyrik aus dem Nachlaß. Herausgegeben von Joseph A. Kruse und Marianne Tilch. it 3036. 320 Seiten

Johann Gottfried Herder. Lieder der Liebe. it 2643. 120 Seiten

E. T. A. Hoffmann
- Die Abenteuer der Silvester-Nacht. Mit farbigen Illustrationen von Monika Wurmdobler. it 798. 81 Seiten
- Die Elixiere des Teufels. Mit Illustrationen von Hugo Steiner-Prag. it 304. 349 Seiten
- Das Fräulein von Scuderi. Erzählung aus dem Zeitalter Ludwigs des Vierzehnten. Mit Illustrationen von Hugo Steiner-Prag. it 410. 127 Seiten
- Lebensansichten des Katers Murr, nebst fragmentarischer Biographie des Kapellmeisters Johannes Kreisler in zufälligen Makulaturblättern. Mit Illustrationen von Maximilian Liebenwein. it 168. 506 Seiten
- Der Sandmann. Mit Illustrationen von Hugo Steiner-Prag und einem Nachwort von Jochen Schmidt. it 934. 84 Seiten

NF 26/5/12.06

Friedrich Hölderlin
- Hyperion oder Der Eremit in Griechenland. Herausgegeben und mit einem Nachwort versehen von Jochen Schmidt. it 365. 240 Seiten
- Sämtliche Gedichte und Hyperion. Herausgegeben von Jochen Schmidt. it 2796. 667 Seiten
- Die schönsten Gedichte. Ausgewählt und mit einem Nachwort versehen von Jochen Schmidt. it 1508. 128 Seiten

Alexander von Humboldt. Die Kosmos-Vorträge 1827/28 in der Berliner Singakademie. Herausgegeben von Jürgen Hamel und Klaus-Harro Tiemann in Zusammenarbeit mit Martin Pape. it 3065. 233 Seiten

Gottfried Keller
- Der grüne Heinrich. Erste Fassung. Mit Zeichnungen Gottfried Kellers und seiner Freunde. Zwei Bände. it 335. 874 Seiten. it 2944. 960 Seiten
- Die Leute von Seldwyla. Vollständige Ausgabe der Novellensammlung. Mit einem Nachwort von Gerhard Kaiser. it 958. 732 Seiten
- Romeo und Julia auf dem Dorfe. Mit einem Nachwort von Klaus Jeziorkowski. it 756. 139 Seiten
- Das Sinngedicht. Novellen. Mit einem Essay von Gerhard Kaiser und ausgewählten Abbildungen. it 2708. 335 Seiten
- Spiegel, das Kätzchen. Ein Märchen. it 2768. 92 Seiten

Heinrich von Kleist
- Michael Kohlhaas. Aus einer alten Chronik. Nachwort von Jochen Schmidt. it 1352. 172 Seiten
- Sämtliche Erzählungen. it 2862. 336 Seiten

Jakob Michael Reinhold Lenz. Werke und Briefe in drei Bänden. Herausgegeben und mit einem Essay von Sigrid Damm. it 3159. 2750 Seiten

NF 26/6/12.06